ATTILA CORBACI
THOMAS VOBURKA

Gute Geschäfte!

METROVERLAG

W0401882

WIR BEMÜHEN UNS UNMÖGLICHES
MÖGLICH ZU MACHEN

23 Tage – 23 Bezirke.

Zwei Herren – Zwei Digitalkameras. Ein Plan: die letzten Überlebenden fotografieren. Kranke. Dahinsiechende. Und ein paar Leichen. Schöne Leichen. Wir sind ja in Wien.

„In den letzten zehn Jahren haben 80 Prozent der Wiener Fleischhauer Konkurs gemacht", bedauert Fleischermeister Robitza aus der Favoritenstraße lautstark und gestenreich das Schicksal seiner geplagten Zunft, während wir uns ausgehungert vom Marsch durch den zehnten Bezirk mit einer echten Robitza-Leberkäs-Semmel stärken.

Das mag erklären, warum wir tagelang durch Wien gestreift sind, ohne einer Fleischerei zu begegnen – wir wollten aber nicht den Niedergang des Metzgergewerbes betrauern, oder gar dessen vielfältige Ursachen analysieren, sondern die letzen Verbliebenen der typischen Wiener Geschäftslokale/-portale und deren nahezu einzigartigen Gestaltungsreichtum dokumentieren. Solange es da noch etwas zu dokumentieren gibt. Als bekennende Pessimisten haben wir nämlich so unsere Zweifel.

Getrieben von der Furcht, dass das Wiener Straßenbild schon bald nicht mehr von unzähligen, individuellen Einzelhandelsgeschäften geprägt sein wird, sondern nur noch von den immergleichen Flagship-Stores, Handelsketten, „Geiz ist geil"-Märkten und Ramsch-Boutiquen – wie das heute schon in den öden deutschen Fußgängerzonen der Fall ist – durchforschten wir drei Wochen lang Bezirk um Bezirk, Straße um Straße, Gasse um Gasse und fühlten uns bald wie beim Schwammerlsuchen. Denn die reizvollsten Geschäftsexemplare entdeckten wir nicht in den Haupteinkaufsstraßen, sondern oft völlig unerwartet, abseits der glitzernden Touristenpfade, in den düsteren Winkeln der Stadt.

Dort fanden wir auch die schönsten Leichen, wie wir respektlos all die Geschäfte nannten, die oft schon vor Jahren von ihren Besitzern verlassen wurden, keinen Nachmieter fanden und nun – ihrem sinnentleerten Dasein zum Trotz – jene morbide Eleganz und Würde ausstrahlen, die man uns Wienern oft nachsagt. Wir haben natürlich auch in die Auslagen geguckt und manche besonders schmucke dieser temporären Dekorationen, schien uns Wert, für die Nachwelt erhalten zu werden.

Mit ein paar Eigenheiten des Wiener Geschäftslebens sind wir nun bestens vertraut: Innerhalb des Gürtels blüht das Bandagisten-Gewerbe, das in der Vorstadt nur eine Nebenrolle spielt. An Frisier und Fußpflegesalons, Schustern, Papiergeschäften, Schlüsseldiensten und Blumenläden herrscht im gesamten Stadtgebiet kein Versorgungsengpass, während Pelzhändler, Juweliere und Uhrmacher bevorzugt an der Peripherie auf die Kundschaft warten.

Die kleine Konditorei gibt es immer noch – die kleine Bäckerei allerdings ist mittlerweile seltener als ein Herrenpilz. Das einst so resche Wiener Semmerl scheint ausgestorben oder ausgewandert zu sein. Dafür gibt es noch viele Zuckerlgeschäfte und sogar ein paar der Schmuddelkinos, in denen wir manchmal die Schule schwänzten, haben überlebt.

Auch wir haben unsere Erkundungstour heil überstanden und deshalb ein besonders liebes Servus an die Wiener Straßenbahnfahrer. Obwohl sie es nicht gerade schätzen, wenn man von den Gleisanlagen aus fotografiert – Sie haben uns nicht überfahren. Vielen Dank.

Attila Corbaci - Thomas Voburka

AGFA
Agfa
foto
prudlo
AGFA
Agfa
EU-PASSFOTO
EU-PASSFOTO

Likörstube
TEE
RUM

KLASSENLOTTERIE
WEINGUT
STEPHAN LÖSCHER
RETZER - EIGENBAUWEINE

TA
K
MEMPHIS
FEINER RAUCHEN
MILDE SORTE
MAVERICK
MEMPHIS

LOTTO TOTO
gezogene ZAHLEN
DIENSTAGZIEHUNG
österreichische LOTTERIEN
FREITAGZIEHUNG

JOHANN WALLNER BANDAGIST
GEGR. 1857
Stützmieder
Bruchbänder
Colostomie
Inkontinenz-
Versorgung
Alle
Kranken-
kassen
Brustprothesen
Heilbehelfe
Sportbandagen
Artikel für
werdende
stillende Mütter
boso

ERECKE
Concordia
DROGERIE
KRÄUTERECKE
DROGERIE
Gelée Royale
Trinkampullen
ACHTUNG STUFE
BAMBUS:
KIESELSÄ
ARTISCHOCKEN
Mit Garantie
in Ihrer
schlapp!
Basica

IHRE FÜSSE
BRAUCHEN
EINEN RAHMEN
KEINEN KÄFIG
SCHUHSERVICE NUR
VOM SCHUHMACHER
SCHUHREPARATUR
FRANZ MARTINSCHITZ · TEL. 31 28 845

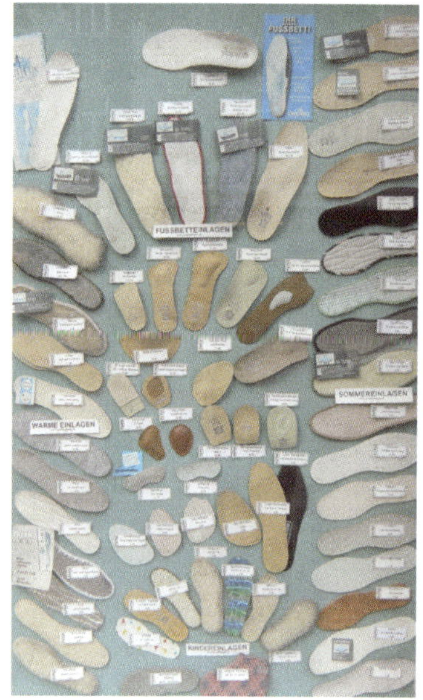
IHR FUSSBETT!
FUSSBETTEINLAGEN
SOMMEREINLAGEN
WARME EINLAGEN
KINDEREINLAGEN

PAWLIK
Reparieren Sie einfach selbst!
SPIKY

4., Rilkeplatz
Schuhmoden
RUDOLF

Schuhmoden
Zeislinger

SCHUHSERVICE
Schuh
Service
GESCHÄFTSZEITEN MO
JEDEN SAMSTAG

ÖSTERREICHISCHES
MEISTER-SCHUHSERVICE
SEIT 1955 GARANTIERT IHNEN
1. BESTE u. SCHÖNSTE ARBEIT
2. ERSTKLASSIGES MATERIAL
3. ALLE REPARATUREN
UND DAS WICHTIGSTE:
4. SIE KÖNNEN MIT DEM MEISTER PERSÖNLICH SPRECHEN
5. KEINE ANGELERNTEN KRÄFTE
GILT AB
VON
BIS
BODENMARKIERUNG
Post
WARHOL
ALBERTINA

DIE
CHUSTERKUGEL
MAN ARBEITETE
CIRCA 20 cm
VOR DEM BRENN=
PUNKT BEI
HELLEREM
LICHT
WASSER-
FÜLLUNG
HÄUFERL
MUSS
SO
ENTSTEHT

für Urlaub für Reise und Sport
KOFFER
MAPPEN
BRIEFTASCHEN
LEDERWAREN
Samba
Samba

HAS MÖBEL
bahö im april 2010

ELITE
PARKETTSCHLEIFEREI
Tel. 544 - 08 - 19
SCHLEIFEN-VERSIEGELN
SCHWEDENLACKE-BIOLACKE
SÄMTL. REPARATUREN
7
Schloßgasse

Lindenlaub
Ges. m. b. H.

36
Maler- u. Anstreichermeister
Gerhard WINKLER Tel. 24·93·63

DACHDECKEREI LAUTERBÖCK
GMBH

Nähmaschinen
Fahrräder
DRAPAL
mit PFAFF nähen, bügeln
PFAFF
PFAFF

ERSTE ÖSTERR.
Dudelsackwerkstätte
STEFAN WIDHALM

OPEN

UDIO
OPEN
STUDIO 64

116 A
OPEN
116 A

OPEN

64A
OFFEN
OPEN

SERVICE MIT HERZ
FRIEDRIC
AC/DC

69A
THAI
BODY
Massage
69a
THAI
BODY
Massage

Sonder Preis
GOBERL
Sonder Preis
MAISEN
Sonder Preis
SPECK
frisches
ÖSTERR.
LAMM
FRISCHES
Aktion!

FLEISCHHAUER
Fleischhauerei
SZABO FRIEDRICH
Fleisch-Wurst-Geflügel
FLEISCHSELCHER
5. Hauslabgasse

Fleischerei
STIERSCHNEIDER
FLEISCH WURST GEFLÜGEL

PFERDEFLEISCHHAUER U. SELCHER
Rudolf Schlapota

FLEISCHHA ER
ERNST TOTTER

Fleischerei RINGL
1A RIND FLEISCH
GESELCHTES ohne Phosphate

FLEISCH WURST GEFLÜGEL

FLEISCH • WURST Peter GEFLÜGEL

FLEISCHHAUER u SELCHER

FLEISCHHAUER-SELCHER
Heißer Imbiss
Coca-Cola

PRODUKTE AUS DER BUCKLIGEN WELT
TÄGLICH FRISCH
gebackene
Schnitzeln
BAUERNLADEN
IMBISS
Wir führen für Sie Produkte
aus der Region KRUMBACH
BUCKLIGEN WELT
Bio-Milch - Fruchtsäfte
Freilandeier
Geselchtes
und viele
KÖSTLICHE
BACK- UND
GRILLHENDELN

FISCHE

FLEISCH
R. Metzker
17., Rosenstein-
gasse
IMBISS
Anfang
EINBAHN
FRISCHES
WILD
REH
WILDSCHWEIN
Wildschwein
hausgemachte
PRESSWURST
10 dag 0,75 €
hausgemachte
BLUTWURST
10 dag 0,65 €
peepshow ab
W PEEP 10

peepshow ab
www.raaber-bahn-peepshow.at
RAABER BAHN

CAFE GRILL BELAMI
Gösser
Gösser
Gösser

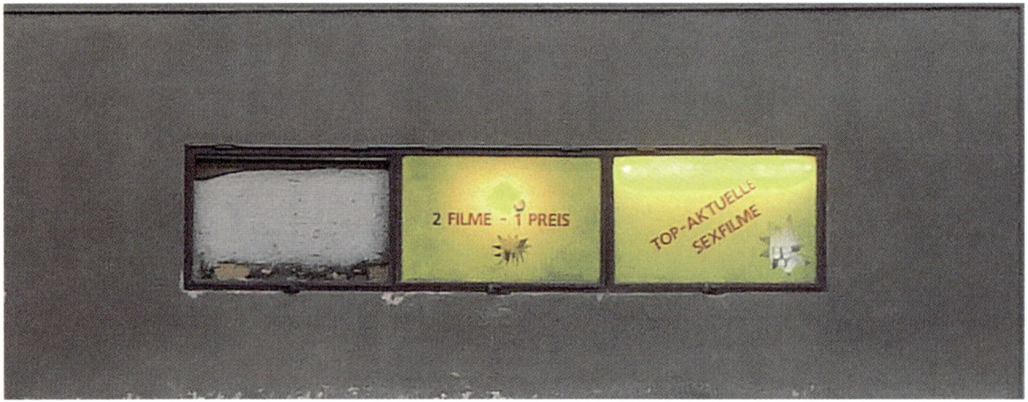
2 FILME - 1 PREIS
TOP-AKTUELLE
SEXFILME

WELTSPIEGEL
KINO
NON STOP EROTIC 11.00 - 23.00
KINO Eingang
16., Lerchenfelder Gürtel
EROTIKKINO

CASINO
WELCOME
A SINGLE MAN
Heute

EROTIK KINO
3 E 3SÄLE 1PREIS
D PAARE GRATIS
KINO
18., Schulgasse
DVD
Abverkauf ab € 9.50
Poppers
erotische Kleingeschenke

14.,Linzer Straße
GLORIETTE KINO
REFF
KINO-TREFF
Schwechater Bier
KINO-TREFF

Uraufführung
FORTUNA KIN
NO NS TOP 14-22h
EROTIK -CINEMA
SEX FIL ME-IP REIS

FEUERWERK
196b

Die Ästhetik des Glokalen

von Wolfgang Müller

Glöggt er gests augað – das fremde Auge sieht mehr
(isländisches Sprichwort)

Die Schönheit der in diesem Buch abgebildeten Lokale und Geschäfte liegt an ihrer Eigenwilligkeit und fundamentalen Souveränität. Ihre Außenfront offeriert etwas, aber sie biedern sich gleichzeitig den Betrachtern nicht an. Sie zeigen oder erläutern potenziellen Kunden ohne Zeitdruck, was es in ihnen zuzuschneiden, abzufüllen, zusammenzubauen oder fertig zu kaufen gibt. Es geht ihnen um die Sache selbst, ihre Sache, um ein Produkt beziehungsweise eine angebotene Dienstleistung. Falsche Verpackungen oder Verheißungen interessieren sie nicht. Es wird nicht geblufft. Hier gibt es keine durchorganisierte Marketingabteilung, hier eilen keine flotten Produktdesigner herum, die auf der Suche nach dem noch zu entdeckenden Kunden sind.

Die stille Schönheit dieser Geschäfte entsteht quasi automatisch, vollkommen gewaltlos und antiautoritär. Zauberhände erschufen sie, gaben ihnen eine liebenswerte Persönlichkeit. Denn auch wenn sie durchweg eine intensive persönliche Ausstrahlung haben, so quälen sie ihre Außenwelt nicht mit den Konventionen individueller Selbstverwirklichungsansprüche. Und mit jedem Tag werden die Lokale schöner. Ihre Weigerung, sich einem Trend anzupassen, sich also zu beschleunigen, ständig nach dem aktuellen Konsumverhalten zu orientieren und dabei eine Sprache zu übernehmen, die sie zum öden „Service-Center“ oder „Back-Shop“ macht, lässt sie aus dem gewöhnlichen Zeittakt fallen: Eigenbauwein, Romantausch, Tortendekor, Eisenbiegerarbeiten, Fußpflege, Fleischhauerei und Füllfederzentrale. Wörter, die Sinnlichkeit mit Haptik verbinden. Selbst dem „Service mit Herz“ gelingt es, dem kühlen Fremdwort „Service“ auf glatten Wänden tatsächlich ein wenig Zärtlichkeit und Liebe zu geben: Hier meint „Service“ vermutlich eine körperlich-erotische Spezialdienstleistung. Auf jeden Fall hat das alles mit Nostalgie wenig zu tun. Denn diese Anbieter bewegen sich keineswegs rückwärts in die Vergangenheit oder rückwärts in die Zukunft. Wie sollte das auch funktionieren, in einer Zeit, in der nicht einmal die Nostalgie mehr das

VIENNA MAGIC
VIENNA MAGIC
Alles dreht sich!
Alles bewegt sich!

ist, was sie einmal war? (1) Jedes Stück Putz, welches sich von den Fassaden der Lokale löst, jeder Aufkleber, der an ihre Front geklebt wird, jeder zusätzlich angebrachte Nagel und jede Schaufensterumgestaltung beweist, dass sie ein lebendiger Organismus sind. Sie sind quicklebendig, unbeeindruckt vom „morbiden Charme“, der ihnen von außen unentwegt angedichtet wird.

Morbider Charme? Das ist nur ein schäbiger Trick, eine Propaganda der großen Konzerne, um sie als Konkurrenz ein für alle Mal auszuschalten! Denn was ist wirklich morbidus? Jede multinationale Imbiss-, Fitness-, Lebensmittel-, Bücher- oder Drogeriekette, die in der Nähe dieser schönen Unikate eine Filiale eröffnet, ist der Krankheit zum Tode viel näher verwandt. Deren Konfektionen, Standards und Normierungen sind der multiplizierte Sensenmann höchstpersönlich. Ein Tod auf Latschen. (2) Wo diese immergleichen Ketten ihre gierigen Fühler ausstrecken, verödet die Umgebung innerhalb kurzer Zeit. In ihrem Einflussbereich sieht schnell alles gleich aus: Berlin ähnelt dann Warschau, Warschau ähnelt Wien, Wien ähnelt Reykjavík und Reykjavík ähnelt Berlin. Und, es ist kaum zu glauben: Wenn sie wieder verschwinden, – dies soll kein Plädoyer für die Selbstheilungskräfte des Kapitalismus sein! – wachsen Vielfalt, Identitäten und Persönlichkeit. Reykjavík ist der aktuellste Beweis. Nachdem dort 2008 eine große Finanzblase zerplatzte, schlossen umgehend alle drei existierenden McDonalds-Niederlassungen. Begründung: „Es lohnt sich nicht mehr.“ Und bemerkenswerte Fischimbisse wurden eröffnet. Etwas, das in Reykjavík zur Überraschung auswärtiger Besucher bislang kaum zu finden war – im Gegensatz zu eher gehobenen Fischrestaurants. Der neue Fischimbiss Sea-Baron beispielsweise bietet direkt am Hafen zahlreiche interessante Details im Inneren und Äußeren. Und eine köstliche Hummersuppe. Doch ist das nicht etwa ein Beweis für „nationale Rückbesinnung“. Denn Fische kennen weder Fischereizonen noch nationale Grenzen. Fische sind international. Jahre werden nun vergehen, bis neue Imbisse und Läden das vom Hype beschädigte Reykjavík wieder wahrnehmbar verschönern. Denn - ein Blick auf die hier dokumentierten Wiener Geschäfte und Dienstleistungsbetriebe zeigt es – jeder Farbfleck an der Fassade dieser Läden, jede Verzierung steht im Dialog mit einer anderen Farbe, mit einem anderen Detail. Die unterschiedlichen Elemente kommunizieren miteinander. Um aber das tun zu können, benötigen sie Zeit, sehr viel Zeit. Und obwohl die Teile dann so wunderbar miteinander diskutieren, sich austauschen, ja, ein Eigenleben voller Poesie entwickeln, bleiben ihre Auslagen, Schaufenster und Hinweistafeln im Grunde

dabei immer höchst funktional, bescheiden, sachlich und themenbezogen. Sie sind entspannt, unangestrengt und wissen genau, was sie wollen, haben, bieten und können. Und sie wissen genau, was sie nicht anbieten können, wollen oder dürfen.

Dass ihnen manchmal dabei die Kraft ausgeht, sie verwaisen und schließen müssen, nehmen sie nicht wirklich persönlich. Sie sind es ja bereits – persönlich. Es ist hier also nicht allein der fremde Blick, der diese Geschäfte und ihre Ansichten aus ihrer Bescheidenheit und Genügsamkeit holt und sie unversehens ins Zentrum einer Ästhetik stellt. Auch die seit dem Ende des Kalten Kriegs sich völlig verändernde Urbanität der Großstädte hat viel dazu beigetragen. Zwischen all den sterilen Ketten, die mit Wörtern wie Selbstverwirklichung, Individualität und Freiheit inflationär um sich geworfen haben und immer noch werfen, leuchtet unaufdringliche, diskrete Schönheit sichtbarer denn je. Denn all diese Wiener Schusterwerkstätten, Fleischhauereien oder Gummi-Reparaturen strahlen genau das aus, was dem Bewohner der westlichen Kultur gebetsmühlenartig von den Priestern des Mainstream eingehämmert wurde und wird: Selbstverwirklichung, Persönlichkeit, Individualität um jeden Preis. Die dokumentierten Lokale stehen in

Opposition zu den Resultaten der Gestaltbildung durch eine Masse autonomer Autisten, die im Neo-Individualliberalismus (3) unbemerkt eine neue, unsichtbare Bewegung geboren hat. Im Selbstverwirklichungswahn trudeln die atomisierten Individuen, zusammenhangs- und orientierungslos durch den Raum. Im festen Glauben, nicht gläubig zu sein. Sie fühlen sich unabhängig, frei und selbstbestimmt: Eine Kaffeepause bei Starbucks gibt es in drei Bechergrößen: in S, M und L. Jede Größe mit drei, frei zu wählenden Aromen: Vanille, Banane oder Ingwer. Was möchten Sie? Mit oder ohne Kakaopulver? Flüssigseifen duften in hundert Variationen, für jedes Individuum steht die genau passende Reinigungsmilch bereit, die passende Fitnessart, das passende Menü und hundert Telefongesellschaften. Durch individuell angepasste Telefondrähte vermittelt die unüberschaubare Masse von Individuen ganz persönliche Nachrichten. Eine Masse, die sich ständig am Rande der Implosion befindet. (4)

Es ist der unwahrgenommene Zustand gleichzeitiger Nähe und Distanz, der die Individuen in der Masse unberechenbar macht. (5) Er lässt die Einzelnen nicht spüren, dass synchrone Bewegungen gefährliche Strudel und Wirbel erzeugen, die an irgendeiner Stelle zur Implosion führen. „Dance or Die", so lautete die Inschrift auf einem Sticker, der auf der Loveparade 2010 in Duisburg verteilt wurde. Wer sich nicht mehr bewegen kann, wird von atomisierten Individuen zu Tode gedrückt, völlig unabsichtlich, von außen unbemerkt. Und niemand ist daran schuld, weil sich ja alles, nicht nur der Markt, „wie von selbst regelt". Der Slogan von McFit, Hauptsponsor der Loveparade lautet „Einfach gut aussehen". Klingt das nicht entsetzlich morbid?

Die Ästhetik der Wiener Lokalfronten entsteht durch ihre offensichtliche Verschiedenheit, aber auch durch ihre zunächst eher unsichtbare Ähnlichkeit. Ihre Ähnlichkeit entfaltet sich verstärkt in einer Umgebung, die fortwährend damit beschäftigt ist, eigene Monotonie, Öde und Seelen- und Lieblosigkeit damit zu vertuschen, indem sie ihrem Zielpublikum penetrant und laut die Verwirklichung von Individualität und Selbstbestimmung vorgaukelt. Der Riss vergrößert sich. In der Wahrnehmung dieser lokalen Lokale kann sich die Wahrnehmung für das Globale erschließen. Und damit der Raum für eine weiterführende Ästhetik des Glokalen.

(1) MUTTER, Die Nostalgie ist auch nicht mehr das was sie einmal war, LP, Berlin 1989.
(2) s.a. André Kudernatsch, Deadly Slippers, Der Tod auf Latschen, Wien 2007.
(3) Matthias Mergl, Der Terror der Selbstverständlichkeit, Widerstand und Utopien im Neo-Individualliberalismus, Münster 2010.
(4) Jean Baudrillard, Im Schatten der schweigenden Mehrheit, Berlin 2010.
(5) s.a. Wolfgang Müller, Valeska Gert. Ästhetik der Präsenzen, Berlin 2010.

WILD-GEFLÜGEL-IMBISS
SÜSLER & KOMEN Ges.m.b.H.
TEL. 33 44 442

GEFLÜGEL
Anfang

KOHLEN WEBER
PAKETIERTE WARE 10 kg u. 25 kg HEIZÖL
HOLZ GROSS u. KLEIN KOHLEN
Eigenbauweine
Weingut DWORZAK
Deinzendorf bei Retz
HOLZ BRIKETTS ANTHRAZIT KOKS
KOHLEN HOLZ U HEIZOL
KOHLEN HOLZ HEIZOL

BLATTGOLD
14., Kendler-
straße
Blattgold
STEINMETZ u.
VERGOLDERMATERIAL

FUSSPFLEGE
Fußpflege
ANNI

FUSSPFLEGE
STERBETRIEB
REI +TAPETEN
PERSIONEN
RKAUF UND
CHFÜHRUNG
ER ARBEITEN

FRISEUR

FRISEUR
HERREN
DAMEN

FRISEUR

Frisier Salon

SIGL
HERRENFRISE

DAMEN
Friseur
HERREN

DAMEN
Friseur
GUTH

Eher die Regel

Ein Gespräch mit Hofrat Dr. Friedrich Dahm, Landeskonservator von Wien

Gibt es eigentlich Wiener Geschäfte, die unter Denkmalschutz stehen?

Ja, zum Beispiel der Herrenausstatter „Knize" am Graben. Das Geschäftslokal wurde 1910–1913 von Adolf Loos gestaltet und ist bis heute glücklicherweise nahezu unverändert erhalten.

Die Übernahme von „Braun & Co" durch die Modekette „H&M" wurde seinerzeit in der Öffentlichkeit heiss diskutiert ...

... auch bei diesem Geschäftslokal stehen sowohl das Portal als auch das Interieur unter Denkmalschutz. Wir haben damals das gesamte Interieur – das aus verschiedenen Zeitepochen stammt – einzeln bewertet und danach entschieden, was die neuen Betreiber verändern dürfen und was nicht – damit der wesentliche Charakter des Denkmals erhalten bleibt. Nicht einmal die alte Firmenaufschrift „Braun & Co" durfte entfernt werden, da sie nun einmal ein Teil des Denkmals ist. Das „H&M"-Logo wurde auf einer Trägerplatte angebracht, sodass es jederzeit wieder – ohne Spuren zu hinterlassen – entfernt werden kann.

Ist eigentlich das Alter eines Gebäudes für den Denkmalschutz von Relevanz?

Nein. Lediglich die künstlerische, historische oder kulturelle Wertigkeit ist entscheidend. So steht auch ein relativ junges Geschäftslokal, wie das ehemalige Kerzengeschäft „Retti", das 1965 von Hans Hollein erbaut wurde, unter Denkmalschutz. Es war damals Holleins erster selbstständiger Auftrag. Das Kerzengeschäft hat allerdings wirtschaftlich nicht überlebt und jetzt nutzt ein Juwelier das kleine, gerade einmal 14 Quadratmeter große Lokal. In diesem Fall haben wir der Nutzungsänderung zugestimmt – doch kann diese auch abgelehnt werden, wenn sie nicht kompatibel ist. Einem Autoreifenhändler als Nutzer hätten wir sicher nicht zugestimmt.

Stichwort Nutzungsänderung: Wäre es theoretisch möglich, einen denmalgeschützten Friseur-Salon in eine Bar umzuwandeln?

Das wäre denkbar. Eventuell müssten Sie die Friseur-Stühle dann als Barhocker nutzen und das Friseur-Schild dürften Sie natürlich auch nicht abmontieren. Sie haben dann eine „Friseur"-Bar.

Gesetzt den Fall, wir würden nun anregen, die in diesem Buch präsentierten Geschäftslokale unter Denkmalschutz zu stellen ...

Bei diesen Geschäftslokalen dürfte wohl – trotz ihres Charmes – die künstlerische Qualität nicht aureichen, um sie – nach den streng wissenschaftlichten Kriterien des Denkmalschutzes – als herausragende Baudenkmäler zu deklarieren. Sie dürfen ja auch nicht vergessen, dass in ganz Wien lediglich rund 3000 Gebäude unter Denkmalschutz stehen.

Ob mit oder ohne Denkmalschutz: Wie sehen Sie persönlich die Zukunft des Wiener Einzelhandels – werden die Fachgeschäfte überleben oder wird es bald nur noch Filialen der immergleichen Ketten geben, wie in anderen europäischen Großstädten auch?

Ich glaube, der Wiener Konsument wird immer auf eine Vielfalt des Angebotes bestehen. Allerdings wird es deutlich weniger Läden mit einer langjährigen Familientradition geben. Gerade im ersten Bezirk wechselt ja heute schon in manchem Geschäftslokal innerhalb einer Dekade drei Mal nicht nur der Besitzer, sondern auch die Branche. Das wird in Zukunft auf jeden Fall eher die Regel als die Ausnahme sein.

BONBONS
LEBKUCHEN
BONBONS
TORTENDEKOR
ALLES FÜR DIE TORTE
ECHTE SISSI-VEILCHEN
Süße Kunstwerksta

SÜWAG
TORTENDEKOR
ZUCKERWARENFABRIK
SÜWAG
SÜWAG
WIENER SCHICHTEN

NOUGAT-SPARGEL
€2.10

COLA-KRACHER
KAUBONBON MIT COLAGESCHMACK
€0.10
DONAUSTEINE
100 g €3.90

Chocolade
Manner,
Wien
Manner
Manner

Feinschmecker
GÜTEZEICHEN DER ÖSTERR. ZUCKERBÄCKER
zum
Zuckerbäcker

Papier

Füllfederzentrale
BÜRO-SCHREIBWAREN
I. KUNZ
COMBINAL
COMBINAL
FOTOKOPIEN
sofort
WATERMAN

EISENHANDLUNG
CASTEY
Wok, Töpfe, Pfannen

Eisenhandlung
MITELME
CLINIQU
Hagerty

Schoko-Bananen
FEINKOST MARIANNE
WEISER
Ticket
Ticket
Ticket
Ritter SPORT
Milchpicknick
Fa. Weiser
Leberkäse
Käsleberkäse
Milchpicknick
jeden Mittwoch
Nußbrot
Nuß- und Topfenstangerln aus NÖ
Milchpicknick
täglich frische Brötchen

14., Pachmanngasse
Kaufmann
MARIA SKOUMAL

OBST
EINBAHN
ausgen.
OBST

BLUMEN
3. Tongasse
3. Neulinggasse
Kränze Arrangements
Blumen Kränze Arrangements
Blumen Kumhofer
Blumen Kränze Arrangements
FLEUROP Service

SCHUHZUGEHÖR

ÜBERALL
SCHUHSERVICE
MEISTERBETRIEB

PIZ
BUR

Miele
"Weltneuheit"
Elektronengehirn

ELEKTRO

Steinbauerg.
SEM
Ing. Thomas R. Zöchling
EDV-Hard-, u. Software
Tel./Fax: 961-01-46
10 Jahre
SEM-EDV
10 Jahre
SEM-EDV
BEKO
SAMSTAG 2010
15.05
WIEN - Halle E
STADTHALLE
Ata
Demirer
SHOW
VORVERKAUF - STELLE
0650 388 04 13
WWW.STADTHALLE.COM
TICKETS AB
€ 24,-
SONY

lektro
59
Hasnerstraße

A1
MINERVA
FERNSEHEN
RADIO · ELEKTRO
Computerservice
01/990 76 03
Orange
T··Mobile·
T··Mobile·
NOKIA
REPARATUR + GARANTIE
ANNAHMESTELLE
24 STD. SERVICE
18

ACCULUX
das Licht aus der Steckdose
HANS KREMSER
Steirische Gastlichkeit

Unordentliche Gedanken

Der »Surrealismus«, der den meisten An- beziehungsweise Unordnungen dieser Auslagen anhaftet, findet sich heute nur noch bei den Spekulanten der Wall Street. Ihren Gesten. Ihrem Gehabe ...

... Alles was wir hier sehen, ist im besten Sinne sinnlos. Gleichzeitig ist jedem Detail eine Schönheit eingeschrieben, die ich so nur aus meiner frühen Kindheit kenne. Das Beglückende, das allem Nebensächlichen, Ungewollten, Ungekonnten anhaftet ...

... Bitte schauen Sie auch, wenn Sie schauen, auf die Vitrinen, die Fenster, die Häuser, die diese Schätze beherbergen. Sind sie nicht ideal? Sind sie nicht eine wunderbare Verhöhnung all dessen, was sich heute postmodern, zweckarchitektonisch aufbläst?

Attila Corbacis und Thomas Voburkas realer Liebesbezug zu diesem großartig Nebensächlichen zeigt sich in jeder einzelnen fotografischen Notation. Ein Weiteres ist gewiss: Alles hier ist keine nostalgische Ausbreitung irgendwelcher Obskuritäten, sondern obsessiv durchseelte Bestandsaufnahme der verbliebenen Bestände.

P. S. Hier sind keine Kompromisse zu sehen. Deshalb geht auch nichts verloren!

P. P. S. Ein weiteres haben die Fotografen zum Glück nie vergessen: Die Blende so weit aufzumachen, dass ausreichend Realität mit hineinkommt.

Walter Dahn

Club
Side - Step
F B
F B

16., Ottakringer Straße
FUNDER®
BASTLERECK
SIRO Möbel-Beschläge
ATEX Edelholz paneele
FUNDERMAX
Max Arbeitsplatten
schwöller
VORSICHT STUFE

Casino Zögernitz
residenz zögernitz
www.zoegernitz.com
tel. 01 478 49 69 52
76
BROADWAY

DIE CHANCE
AN-UND VERKAUF

DER PARKETTPROF
SONDERANGEBOT
Fertigparkett 4mm Nutzschicht

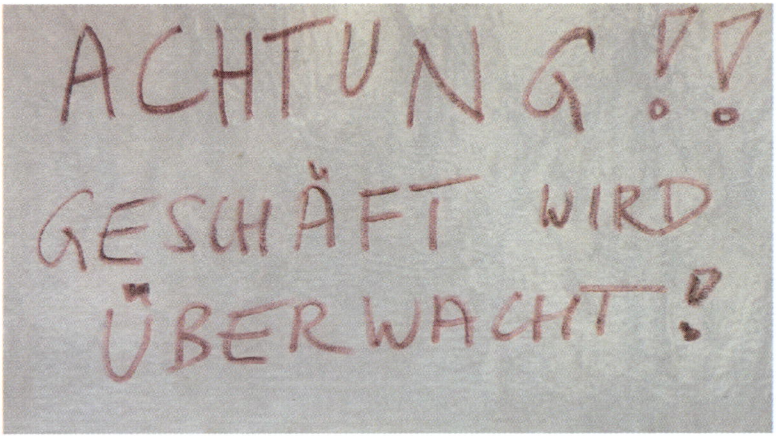
ACHTUNG!!
GESCHÄFT WIRD
ÜBERWACHT!

AUTO-
HANDEL
RICHTER
ALPINA
AUTO-
HANDEL
35 31 79 35 42 76

7., Kirchengasse
7., Lindengasse
KLEINBAHN
ENBAHN
GEGRÜNDET 1947
WIR BAUEN UM...
WIR BAUEN UM...
WIR BAUEN UM...
WIR BAUEN UM...

16., Wattgasse
AUTOKÜHLER
Peter Pahl
16., Seeböck-
gasse
JONNY
Abbruch
Erdbau
Fußgänger
Fußgänger

Desirée´s Hundestübchen
Termine auch am Abend und am Samstag
Bitte um Voranmeldung
0699/17 000 704

Gittis
Hundesalon
Professionelle Hundepflege
16., Liebharts Gasse
16., Hasner Straße

GRAFIK+
MESSE
587 70 37
FIAKER+
GESPANNE
586 65 87
Ein-u. Ausfahrt
Tag und Nacht
freihalten!
UFOS

AQUARIUM WIEN → 120 m
AquaRico

ÖVEK
ÖSTERREICHISCHER VERBAND FÜR DIE ZUCHT UND HALTUNG VON EDELKATZEN
ÖVEK

CAFE
VIP
12., Tanbruck-
gasse
12., Ratschky-
gasse
VIP

Liköre ARABIA Espresso
STAMBULIA
KAFFEE
Gösser
Gösser

KONDITOREI
SANTORA Espresso
BARTL
SANTORA Espresso
Cafe - Konditorei
BARTL

KONDITOREI Prenner
Marzipan
Adolf Prenner
KONDITORMEISTER
Konditoreiwaren
Schokoladenwaren

Gösser
CAFE HOLLIDAY
17.,Beheimgasse
Cafe Holiday
17.,Bergsteiggasse

JEANSLAND
·TEXTILGROSSHANDEL·

TERRY
12., Meidlinger-
Hauptstraße
Chantelle

18. Vinzenzgasse
18. Währinger Straße
R. Steffny
DAMENMODEN
DAMENMODEN
EINBAHN
30
Zone

DAMENMODEN
STEFFNY

ZUCHA

VORARLBERGER
Elma
- SPITZEN
Wäsche · Bettwäsche · Modewaren

ÄNDERUNGSSCHNEIDEREI
ÄNDERUNGSSCHNEIDEREI
HERTHA
EIPELTAUER
0664 415 21 61
Montag - Mittwoch
von 8 - 12 und 15 - 17
Do, Fr und Sa
geschlossen

MASS u. ÄNDERUNGSSCHNEIDEREI

Katis Kinderstube

RUNNENGASSE 45

STOP

BAUMWOLLE

DER KRIMINAL ROMAN DER WOCHE
Kommissar Wiltons Kriminalberichte
Die tanzenden Jungfrauen
VON GEORGE BRENDON

SHOP
SAT ANLAGE · SAT RECEIVER · ZUBEHÖR
ELEKTROGERÄTE · KABEL · DVD
HANDY ANKAUF · VERKAUF · TAUSCH
ROMANE
BÜCHER – HEFTE
FLOHMARKT

ROMANE
SONDERANGEBOTE
Wir Tauschen auch um

BASTEI
Der Bergdoktor
Dr. Burger: Schicksale zwischen Tal und Gipfel
Dr. Burger und das Geheimnis vom Wiesenhof

BIBELN AUS ALLER WELT
Im Anfang war das Wort,
und das Wort war bei Gott.
Im Anfang war es bei Gott.
Alles ist durch das Wort
geworden, und ohne das
Wort wurde nichts,
was geworden ist.
In ihm war das Leben,
und das Leben war
das Licht der Menschen.
Johannes 1,1-4
KATHOLISCHE
BIBELN
in vielen
Sprachen
www.kath-bibeln.com

MÜNZEN
ANTIKE, RDR-ÖSTERREICH, DEUTSCHLAND
NUMISMATIK
Dr. SZAIVERT
BANKNOTEN
NOTGELD, HISTORISCHE WERTPAPIERE
Die Euro-Banknoten und -Münzen

ROMANE
TAUSCH & VERKAUF
EIN-VERKAUF
KOMMISSION

OHRENSCHMAUS
MUSIC
SHOP
TAUSCH,
AN- & VERKAUF
VON CD's
LP's usw.

SCHALLPLATTEN BRIGITTE
MICHAEL
JACKSON
SINGLES
LAGERND

LOIBL
STARS
SHINE!
CASSETTES
AUDIO
TDK
Captain Cook
Mit 66
RENÉ CAROL
UDO JÜRGENS
RUDI SCHURICKE
Amigo
MAFFAY
ANDY
BORG

© 2011 METROVERLAG

Verlagsbüro W. GmbH
Alle Rechte vorbehalten

Printed in the EU
ISBN 978-3-99300-030-1

BILLIGER TELEFONIEREN
70%
BILLIGER

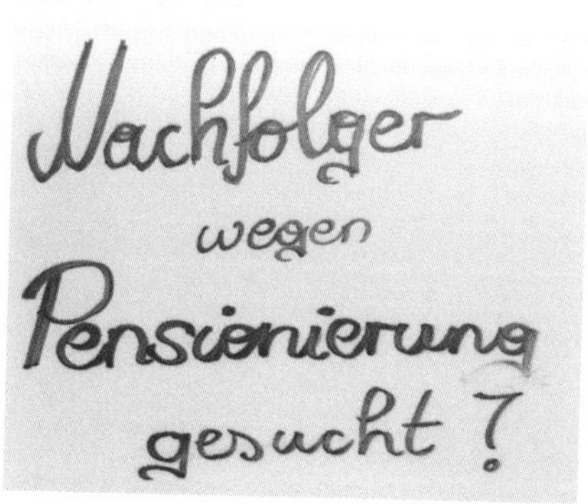
Nachfolger
wegen
Pensionierung
gesucht?

BILLIGER TELEFONIEREN
70%
BILLIGER

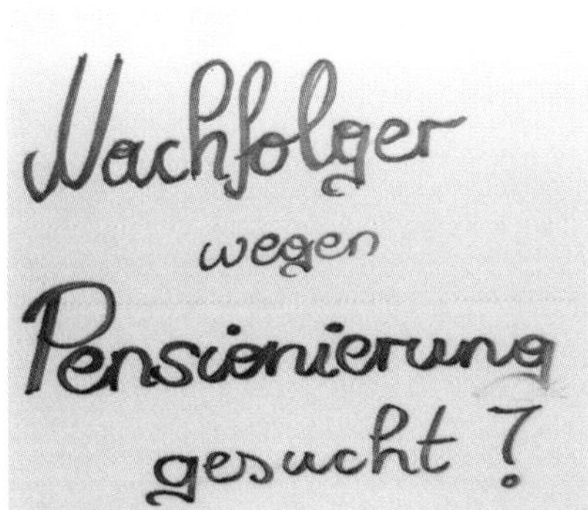
Nachfolger
wegen
Pensionierung
gesucht ?